Mocktails

Mocktails

30 coole Cocktails ohne Alkohol

HEEL

Inhaltsverzeichnis

APERITIFS

BOWLEN

ALKOHOLFREIE KLASSIKER

DESSERT-MOCKTAILS

DIGESTIFS

Einleitung

Über Cocktails und Mocktails

Ein Cocktail ist mehr als ein Getränk, er ist eine Mischung verschiedener Zutaten, ein Aroma, ein Geschmack, ein Glas, eine Farbe, eine Deko ... Vor allem jedoch ist er ein Quell der Freude, eine Geschichte, eine Erfahrung, eine Begegnung, ein Moment der Geselligkeit!

Kein Fest mit Freunden ohne Cocktails! Der Cocktail, mal mehr, mal weniger raffiniert, hat einen starken Symbolcharakter und lädt zum Feiern und Teilen ein. Alkoholfreie Cocktails jedoch sind häufig viel zu süß und entsprechen nur sehr selten den eigenen Wunschvorstellungen.

Der Begriff „Mocktail" bezeichnet ein alkoholfreies Getränk, das einem „echten" Cocktail mit Alkohol in nichts nachsteht und dessen Geschmack und Intensität seinem alkoholischen Verwandten sehr nahe kommen, mit Ausnahme einer Besonderheit: Beim Genuss von Mocktails muss man sich nicht zurückhalten!

Der Verzicht auf Alkohol, ob zu Hause, in der Bar oder im Restaurant, und egal aus welchem Grund – Autofahren, Müdigkeit oder persönliche Entscheidung – wird häufig mit „Strafe" oder Frustration gleichgesetzt.

Die Rezepte in diesem Buch beweisen, dass alkoholfreie Getränke nicht mit Verzicht, einem übersüßen Mischgetränk oder einfach nur Fruchtsaft gleichzusetzen sind. Sie können ebenso reizvoll, genussvoll und festlich sein!

Tipps und Tricks für das Gelingen von Mocktails

Der Shaker: Es gibt drei Arten.
- Den dreiteiligen Shaker mit integriertem Sieb (häufig das Modell für den Hausgebrauch);
- Den Boston-Shaker, bestehend aus einem konischen Becher und einem Mixglas;
- Den klassischen Shaker, bestehend aus 2 Bechern.

Welche Art von Shaker Sie bevorzugen, ist Geschmackssache. Die beiden letzten Modelle haben kein integriertes Sieb. Ein solches wird in dem Fall zusätzlich benötigt, damit die Eiswürfel im Becher bleiben und die Cocktails abgeseiht werden können.

Arbeiten mit dem dreiteiligen Shaker

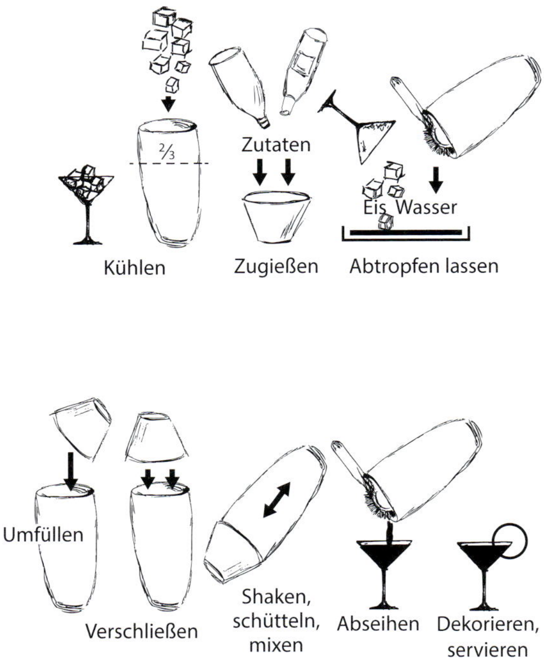

Arbeiten mit dem klassischen Shaker (oder Boston-Shaker)

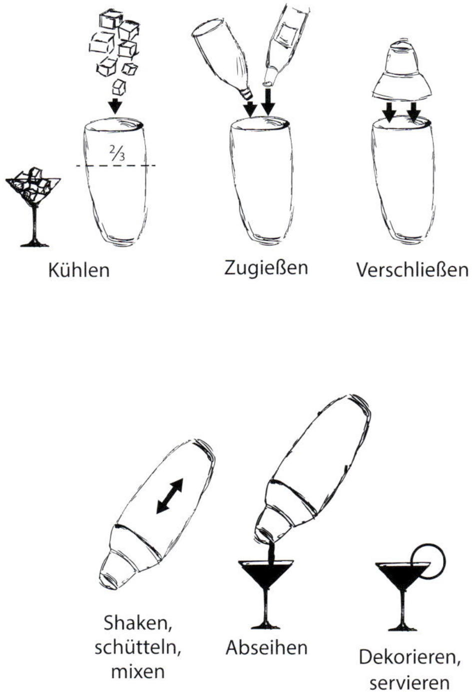

Zusätzliches Material für den Barkeeper

- **Mixglas**
- **Flaschenöffner**
- **Stößel**
- **Messbecher (2 und 4 cl)**
- **Cocktaillöffel**
- **Shaker und Sieb**
- **Ausgießer**
- **Zitruspresse**

Die Wahl des richtigen Glases

Wenn es um Cocktails geht, ist nicht die Form des Glases das Wichtigste, sondern die Wahl der richtigen Zutatenmengen und die Zubereitungsmethode. Der Barkeeper muss wie ein Konditor ein peinlich genaues Zubereitungsverfahren einhalten, um ein gleichbleibendes, leckeres und feines Ergebnis zu erzielen. Für bestimmte Cocktails gibt es dennoch spezielle Gläser.

Das **Cocktailglas**, das auch als **„Martiniglas“** bezeichnet wird, ist das Standardglas für einen klassischen Cocktail wie den Cosmopolitan. Es wird für eher starke Shortdrinks verwendet und enthält niemals Eiswürfel.

Der **Tumbler**, auch **„Collins“** oder **„Highball“** genannt, ist ein großes Cocktailglas für Longdrinks, das wie beim Mojito mit Eiswürfeln gefüllt wird (sofern nichts anderes angegeben ist).

Weingläser werden für Longdrinks mit oder ohne Eiswürfel verwendet. Es gibt sie in verschiedenen Formen und Größen.

Das **Old-Fashioned-Glas** ist ein Glas mit mittelgroßem Volumen, das nach einem berühmten Cocktail auf Bourbon-Basis benannt ist und einen großen runden Eiswürfel, den „Ice Ball“, enthält.

Das **Hurricane**- oder **Tulpenglas** ist das Cocktailglas für Longdrinks schlechthin und wird beispielsweise für die Piña Colada verwendet.

Das **Mazagranglas** ist ein dickwandiges Glas für warme Cocktails wie den Grog.

Es gibt noch weitere, sehr spezielle Glasformen, die für besondere Cocktails wie beispielsweise die Margarita verwendet werden.

MARTINIGLAS TUMBLER WEINGLAS OLD FASHIONED HURRICANE MAZAGRAN

Die Wahl des richtigen Mocktails

Wie in der Einleitung bereits erwähnt, steht der Genuss eines Cocktails/Mocktails vor allem für Geselligkeit. Es ist daher wichtig, ihn je nach Tageszeit (als Aperitif, als Digestif, vormittags, nachmittags, zur Tea Time), nach Art der Feierlichkeit oder des Anlasses, aber vor allem nach der Jahreszeit auszuwählen.

Feinheiten

• Durch genaues Abmessen jeder einzelnen Zutat werden ein einmaliger Geschmack und ein harmonisches Geschmackserlebnis insgesamt (zusätzlich durch den Geruchssinn) erreicht. Bei der Zusammenstellung eines Mocktails spielen drei Geschmacksrichtungen eine Rolle: süß, sauer und bitter – dabei ist alles eine Frage der Nuancen.

• Die Serviertemperatur ist ein wichtiger Faktor für den Erfolg eines Mocktails.
Häufig sind Mocktails nicht kalt genug, vor allem beim Genuss zu Hause.

• Mit den Eiswürfeln verhält es sich anders, als man meinen könnte: Je mehr Eiswürfel man in ein Glas, eine Karaffe oder den Shaker gibt, desto weniger schmelzen diese, desto kälter ist der Mocktail also und desto weniger wird er verdünnt! Vergessen Sie bitte auch nicht, bevor Sie die Zutaten zugießen, das „ungenutzte Eis" (das Eis, das sich bei Kontakt mit der Wand von Glas, Karaffe oder Shaker in Wasser verwandelt hat), abtropfen zu lassen. Für die Zubereitung von Eiswürfeln, auch für den runden „Ice Ball", gibt es im Handel spezielle Formen.

Wenn Sie zu Hause für Gäste Mocktails zubereiten, empfehle ich Ihnen folgendes Vorgehen:
Bereiten Sie das Rezept einen Tag vor der Einladung zu.
Füllen Sie ungefähr 1 Liter Mocktail in eine Plastikflasche, lassen Sie dabei zwischen Flüssigkeit und Verschluss ausreichend Platz. Bewahren Sie die Flasche im Gefrierfach auf, um einen riesigen Eiswürfel herzustellen.
Schneiden Sie mit einem Messer den oberen Teil der Flasche ab und entnehmen Sie Ihren Mocktail-Eiswürfel.
Legen Sie diesen Eiswürfel in die Schüssel, in der Sie den Mocktail für Ihre Gäste zubereiten. Er wird nach und nach schmelzen und die Mischung kühlen, ohne dass die anderen Eiswürfel schmelzen.

Wichtige Zutaten

• **Zitronensaft** ist an der Bar, was Salz und Pfeffer in der Küche sind.
Die Zitrone, ein unverzichtbarer Bestandteil des Mocktails, hebt den Geschmack und verleiht eine frische und spritzige Note.

• **Cranberrysaft** wirkt leicht adstringierend, sodass ein Mocktail nicht zu süß wird. Er lässt sich zudem gut mit anderen Zutaten kombinieren!

• **Tonic** und **Ginger Ale** sind ebenfalls interessante Erfrischungsgetränke, die für Spritzigkeit sorgen. Ich empfehle Ihnen Ginger Beer, das trotz des Namens kein Bier ist, sondern eine Ingwerlimonade mit sehr kräftigem Geschmack.

• **Tees** mit ihren unterschiedlichen Aromen sind für die Zubereitung zahlreicher Mocktails geeignet.

• **Sirups** liefern viel Geschmack, sollten wegen ihres Zuckergehalts jedoch nur sparsam verwendet werden, wenn man einen ausgewogenen Mocktail zubereiten möchte.

• **Eiscremes** und **Sorbets** sind Aromalieferanten, mit denen Mocktails zu Hause sehr einfach gekühlt und dickflüssig gemacht werden können.

• **Fruchtpürees** sind für die Zubereitung ausgezeichneter Mocktails unverzichtbar. Sie können entweder TK-Fruchtpürees verwenden oder die Pürees selbst herstellen.

• **Fruchtsäfte** bilden die Basis für viele Rezepte.

Tipp

Sollten Sie Probleme haben, einige der Zutaten im gut sortierten Supermarkt zu erhalten, probieren Sie es über den Onlineversandhandel.

FRANCE

Sinneserwachen

Für 1 Mocktail • Zubereitung: im Shaker • Schwierigkeitsgrad: YYY • Kosten: €€

Hintergrund

Die Farbe Rot steht für Aufrichtigkeit und Glück. Für das internationale Finale der Berufsweltmeisterschaft „WorldSkills", das 2007 in Shizuoka (Japan) stattfand, habe ich einen roten Mocktail zubereitet, der jedoch nicht nach roten Früchten schmeckt …

Die Zutaten

8,5 cl Guavenpüree
7,5 cl Kaktusfeigenpüree
7 cl Mandarinenpüree
3,5 cl reiner Weinbergpfirsichsaft
3 Tropfen Limettensaft

Das Rezept

1. Die Zutaten ohne Eis in den Shaker gießen (siehe Tipps S. 6).
2. Schütteln.
3. Ins Glas abseihen.

Tipp

Dieser Mocktail ist der Mocktail der Wahl, wenn man eine Mischung erzielen möchte, die die Sinne anspricht. Man muss sehr sorgfältig arbeiten. Die Fruchtpürees lässt man im Idealfall vor der Verarbeitung anfrieren und verwendet sie für den Mocktail angetaut (aber nicht ganz flüssig), dann lassen sie sich leichter verarbeiten. So wird der Mocktail schön kalt, ohne dass die Zutaten durch die Eiswürfel verwässert werden.

Gut zu wissen

Grundlage dieses Rezepts ist die **Guave**, die dem Mocktail Samtigkeit und eine leicht adstringierende Wirkung im Abgang verleiht. Die **Kaktusfeige** liefert eine subtile blumige Note und lässt den Mocktail schön glänzen. Die **Mandarine** bietet viel Frische, Spritzigkeit und gleicht die Süße des Mocktails aus. Der **Weinbergpfirsichsaft** wurde wegen seines geringen Zuckergehalts und seines intensiven Geschmacks gewählt. Die wenigen Tropfen **Limette** schließlich „würzen" und harmonisieren den Mocktail.

Pink Tail

Für 1 Mocktail (20 cl) • Zubereitung: im Shaker • Schwierigkeitsgrad: YY • Kosten: €

Hintergrund

Gurken sind erfrischend und werden häufig als Vorspeise verwendet. So kam ich auf die Idee, Gurke mit Cranberrys zu mischen, die für eine adstringierende Wirkung sorgen. Zwischen beiden fehlte noch eine Verbindung und so kam noch der Amarettosirup hinzu.

Die Zutaten

5 cm Gurke + 2–3 Scheiben zum Dekorieren
1,5 cl alkoholfreier Amarettosirup
(z. B. von Monin)
10 cl Cranberrysaft
Saft von ½ Limette

Variante

Der Amarettosirup kann nach Belieben durch Haselnuss- oder Macadamiasirup ersetzt werden.

Das Rezept

1. Die gewürfelte Gurke im Shaker mit einem Stößel zerdrücken.
2. Den Amarettosirup, den Cranberrysaft und den Limettensaft zugeben.
3. Schütteln und durch ein feines Sieb doppelt ins Glas abseihen.
4. Nach Belieben mit den Gurkenscheiben dekorieren.

Gold der Auvergne

Für 1 Mocktail (25 cl) • Zubereitung: im Shaker • Schwierigkeitsgrad: 🍸 • Kosten: €

Hintergrund

Im französischen Cantal-Gebirge, zwischen Puy Mary und dem Plomb du Cantal, wächst gelber Enzian. Die Distillerie Couderc, die seit 1908 Liköre herstellt, bietet ein alkoholfreies Enzian-Getränk an, durch das ich die Arznei- und Aromapflanze neu entdeckt habe. In Deutschland ist dieses Produkt nicht ganz so einfach erhältlich, versuchen Sie es z. B. über den Onlineversandhandel.

Die Zutaten

10 cl Gentiane Couderc alkoholfrei
2 cl Kastaniensirup (z. B. von Monin)
Saft von ½ Limette
100 ml Mineralwasser mit Kohlensäure (z. B. Perrier)

Variante

Der Kastaniensirup kann durch Heidelbeersirup ersetzt werden, wenn eine fruchtigere Variante erwünscht ist.

Das Rezept

1. Alle Zutaten außer dem Wasser in den Shaker gießen und schütteln.
2. Die Mischung in ein mit Eiswürfeln gefülltes Tumbler-Glas (siehe S. 7) gießen. Den Shaker mit dem Mineralwasser spülen, um es zu kühlen. Anschließend über die Mischung gießen.

0%
BOISSON
AUX EXTRAITS NATURELS DE
GENTIANE
SANS ALCOOL
COUDERC

Torfig und würzig

Für 1 Mocktail (20 cl) • Zubereitung: im Shaker • Schwierigkeitsgrad: YY • Kosten: €

Hintergrund
Liebhaber torfiger Whiskys finden hier eine Variante, die sie ohne Bedenken genießen können.

Die Zutaten

4 cl Chili-Zimt-Sirup
(z. B. Hot Spicy von Monin)
Saft von 1 Limette
15 cl Lapsang Souchong
(geräucherter Schwarztee)

Variante

Falls der rauchige und torfige Geschmack Ihnen nicht zusagt, können Sie den Lapsang-Souchong-Tee beispielsweise durch schwarzen Ceylon oder Darjeeling ersetzen.

Das Rezept

1. 4 g Tee in 150 ml heißem Wasser (90 °C) 5 Minuten ziehen lassen, anschließend im Kühlschrank erkalten lassen.
2. Sobald der Tee kalt geworden ist, alle Zutaten in den Shaker geben.
3. Schütteln und ins Glas abseihen.

Negroni Sbagliato

Für 1 Mocktail (15 cl) • Zubereitung: im Mixglas • Schwierigkeitsgrad: Y • Kosten: €

Hintergrund

Der Negroni Sbagliato ist die alkoholfreie Version des berühmten italienischen Cocktails Negroni, einem bitteren Aperitif.

Die Zutaten

10 cl Crodino (oder Sanbitter)
4 cl Bittersirup (z. B. von Monin)
1 cl Mandarinensaft
Saft von ½ Limette

Variante

Für eine weniger bittere Variante können Sie (alkoholfreien) Ginsirup zugeben (siehe Rezept Wacholder-Tonic S. 38).

Tipp

Für die Zubereitung eines Ice Balls verwenden Sie am besten eine dafür vorgesehene Form.

Das Rezept

1. Ein Old-Fashioned-Glas (siehe S. 7) im Gefrierfach kalt werden lassen. Sobald es kalt ist, einen Ice Ball (siehe Tipp) in das Glas geben.
2. Die Zutaten in ein kaltes und mit Eiswürfeln gefülltes Mixglas geben und mit einem Cocktaillöffel vorsichtig verrühren.
3. Die Eiswürfel herausfiltern und den Mocktail über den Ice Ball gießen.

Appetizer Mary

Für 1 Mocktail (25 cl) • Zubereitung: im Mixglas • Schwierigkeitsgrad: 🍸 • Kosten: €

Hintergrund

Als Heilmittel gegen Kater wurde die Bloody Mary 1921 in Paris von Ferdinand Petiot in der bekannten New York Bar erfunden (bevor diese zu Harry's Bar wurde). Der Legende nach soll Petiot diese Mischung aus Gewürzen, Zitrone, Tomatensaft und Wodka, die anfangs unter dem Namen „Bucket of Blood" bekannt war, für den amerikanischen Schauspieler Roy Barton erfunden haben, bevor daraus 1931 der Longdrink Bloody Mary wurde.

Die Zutaten

12 cl gesalzener Tomatensaft
12 cl Karottensaft
1 Stück frischer Ingwer
4 Tropfen Tabasco
0,5 cl Worcestersauce
Selleriesalz
frisch gemahlener Pfeffer
1 Stange Staudensellerie mit Grün zum Dekorieren

Das Rezept

1. Den geschälten Ingwer mit dem Tabasco und der Worcestersauce in das Mixglas geben und mit dem Stößel zerdrücken.
2. Eiswürfel und die Säfte zugeben und alles gut mischen. Mit Selleriesalz und Pfeffer würzen und ins Glas umfüllen.
3. Den Mocktail mit der Selleriestange dekorieren.

Tipp

Sie können diesen Mocktail in einer größeren Menge zubereiten und ziehen lassen, damit sich das Aroma der Gewürze entwickeln kann und sich die verschiedenen Geschmacksrichtungen schön verbinden. Allerdings empfehle ich Ihnen, den Mocktail nicht zu stark zu würzen, damit Ihre Gäste ihn nach Belieben mehr oder weniger pikant genießen können.

Variante

Sie können den Tomatensaft durch andere Frucht- oder Gemüsesäfte ersetzen.

Red Tonic

Für 16 Gläser • Zubereitung: in einer Schüssel • Schwierigkeitsgrad: 🍸 • Kosten: €

Hintergrund
Ein Mocktail aus Zitrusfrüchten – erfrischend und belebend!

Die Zutaten

½ Flasche Grapefruitsaft (pink)
1 Flasche Blutorangensaft
1 Flasche Cranberrysaft
1 ½ Flaschen Saft aus roten Früchten
einige Orangenscheiben zum Dekorieren

Das Rezept

1. Die Zutaten in eine große Schüssel geben und vermischen.
2. Im Kühlschrank kalt werden lassen, dann auf die mit Eiswürfeln gefüllten Gläser verteilen.

Tipp

Tipps, wie Sie Ihren Mocktail schön kalt bekommen, finden Sie auf S. 8.

Variante

Dieser Mocktail kann für eine sprudelige und leicht bittere Variante mit Tonic Water abgerundet werden.

Fruchtkomposition

Für 12 Gläser • Zubereitung: im Mixer • Schwierigkeitsgrad: Y • Kosten: €

Hintergrund

Dieser Mocktail lässt sich leicht zubereiten und passt zu jeder Jahreszeit. Ein wahrer Genuss für Sie und Ihre Gäste.

Die Zutaten

½ l Mangosaft
½ l Bananensaft
1 l Maracujasaft
1 l Ananassaft
2 Vanilleschoten
2 TL Quatre-épices
Zimtstangen, nach Belieben
Gewürznelken, nach Belieben
einige Orangenscheiben zum Dekorieren

Tipp

Bereiten Sie dieses Rezept 24–48 Stunden im Voraus zu, damit sich das Aroma der Gewürze schön entfalten kann.

Das Rezept

1. Die Säfte im Mixer verrühren.
2. Das Vanillemark, das sogenannte „schwarze Gold", mit einer Messerspitze aus den Vanilleschoten herauskratzen.
3. Die Säfte in eine Schüssel gießen und die Gewürze hinzuzugeben.
4. Ziehen lassen.
5. In die mit den Orangenscheiben und Eiswürfeln gefüllten Gläser abseihen.

Bloody Bowl

Für 12 Gläser • Zubereitung: in einer Schüssel • Schwierigkeitsgrad: 🍸 • Kosten: €

Hintergrund
Die Guave sorgt für Struktur, die Erdbeere für Süße, die Cranberry für einen langen Abgang und die Limette für Spritzigkeit!

Die Zutaten

1 Flasche Guavensaft
1 Flasche Erdbeersaft
1 Flasche Cranberrysaft
Saft von 4 Limetten
frische Erdbeeren, halbiert, zum Dekorieren
Orangenspalten zum Dekorieren

Tipp

Tipps für einen kühlen und frischen Mocktail finden Sie auf S. 8.

Das Rezept

1. Alle Zutaten in eine große Schüssel geben und vermischen. Im Kühlschrank kalt werden lassen, dann auf die mit Eiswürfeln gefüllten Gläser verteilen.

Bowle aus der Ardèche

Für 20 Gläser • Zubereitung: in einer Schüssel • Schwierigkeitsgrad: 🍸 • Kosten: €

Hintergrund

Das französische Departement Ardèche ist der Hauptproduzent von Esskastanien in Europa. Dieser Mocktail schmeckt aber nicht nur nach einer schönen Fahrradtour auf den kurvigen Straßen der Ardèche herrlich erfrischend. Ein gemeinschaftlicher Genuss zum Teilen.

Die Zutaten

1 Flasche Kastaniensirup
4 Flaschen hochwertiger, leicht säuerlicher Apfelsaft
Saft von 8 Limetten
+ einige Limettenscheiben zum Dekorieren

Das Rezept

1. Den Apfelsaft und den Limettensaft in eine große Schüssel gießen.
2. Je nach Apfelsaftsorte mehr oder weniger Kastaniensirup zugießen, um einen gut ausgewogenen, leicht herben Geschmack zu erzielen.
3. Im Kühlschrank kalt werden lassen, dann auf die mit Eiswürfeln gefüllten Gläser verteilen.
4. Nach Belieben mit einigen Limettenscheiben garnieren.

Tipp

Tipps für einen kühlen und frischen Cocktail finden Sie auf S. 8.

Variante

Sie können den Cocktail mit Ginger Ale oder Tonic abrunden.

Kiwi, ja, Kiwi!

Für 10 Mocktails (je 20 cl) • Zubereitung: im Shaker • Schwierigkeitsgrad: YY • Kosten: €€

Hintergrund

Lässt sich ohne Einschränkungen genießen, wenn einen die Reiselust packt. Kiwi, ja, Kiwi! ist ein Mocktail, der ebenso prickelnd ist wie Neuseeland, das für seine Landschaften, aber auch für seinen Extremsport bekannt ist.

Die Zutaten

Für 10 Mocktails:

8 Kiwis
20 cl Holunderblütensirup
1300 ml weißer Traubensaft
Saft von 5 Limetten
35 cl Ginger Beer (alkoholfreie Ingwerlimonade)

Das Rezept

Für 1 Mocktail:

1. Im Shaker ½ Kiwi, in Würfel geschnitten, mit dem Stößel zerdrücken. Die restlichen Kiwis in Scheiben schneiden und beiseitestellen.
2. 2 cl des Holunderblütensirups, 130 ml des Traubensafts und den Saft von ½ Limette zugeben.
3. Schütteln und mithilfe eines feinen Siebs doppelt gefiltert ins Glas abseihen.
4. Mit Ginger Beer auffüllen und mit 2–3 Kiwischeiben dekorieren.

Virgin
Mauresque

Für 1 Mocktail (20 cl) • Zubereitung: im Shaker • Schwierigkeitsgrad: YY • Kosten: €

Hintergrund

Was ist klassischer als ein Aperitif auf Anisbasis? Dies ist eine alkoholfreie Version des nicht nur in Frankreich beliebten Mauresque-Cocktails auf Basis einer Teemischung aus Fenchel, Sternanis und Süßholz. Der leckere Geschmack des Mandelsirups verbindet sich wunderbar mit der Frische des Anis.

Die Zutaten

1 cl Mandelsirup (z. B. von Monin)
15 cl kalter Aufguss* einer Teemischung aus Sternanis, Fenchel und Süßholz (150 ml schwach mineralisiertes Wasser, z. B. Volvic, und 1,5 g Tee)
Saft von ½ Limette

Das Rezept

1. Den Tee zubereiten.
2. Die Zutaten in den Shaker gießen.
3. Schütteln und in das mit Eiswürfeln gefüllte Glas abseihen.

Tipp

*Kalte Zubereitung eines Tees: Bestimmte Tees können Sie kalt ziehen lassen (das Verfahren wird als **Mazeration** bezeichnet). Das grundsätzliche Mischverhältnis beträgt 10 g Tee für 1 l Wasser in Zimmertemperatur. 1 Stunde mazerieren lassen, dann abseihen. Anschließend vor dem Genuss einige Stunden im Kühlschrank kalt werden lassen.

Variante

Den Mandelsirup können Sie je nach persönlichem Geschmack durch Rosmarin-, Thymian- oder Anissirup ersetzen.

Mojito
Erdbeer-Melone

Für 4 Mocktails (je 20 cl) • Zubereitung: im Mixer • Schwierigkeitsgrad: 🍸 • Kosten: €

Hintergrund
Der Mojito, den es weltweit in 1001 Varianten gibt, ist der Symbol-Cocktail des 21. Jahrhunderts. Er soll im 16. Jahrhundert von Francis Drake, einem englischen Freibeuter, der sich in der Karibik niedergelassen hatte, erfunden worden sein. Typisch für den Mojito sind seine kühle Frische, sein Aroma und der Hauch von Säure in der Süße.

Die Zutaten

Saft von 2 Limetten
+ einige Limettenspalten zum Dekorieren
16 Erdbeeren
+ einige Erdbeeren, halbiert, zum Dekorieren
½ Cantaloupe-Melone
40 Minzblätter
+ einige Minzzweige zum Dekorieren
8 cl flüssiger Rohrzucker (Rohrzuckersirup)
20 cl Ginger Ale

Das Rezept

1. Die Zutaten (mit Ausnahme des Ginger Ales und der Dekoration) im Mixer zu einem Püree verarbeiten.
2. Auf die mit Eiswürfeln und den Limettenspalten gefüllten Gläser verteilen und mit dem Ginger Ale auffüllen.
3. Nach Belieben mit den Minzzweigen und den Erdbeeren dekorieren.

Variante

Es gibt zahlreiche Varianten des Mojito.
Auf der Basis folgenden Grundrezepts können Sie sich alles (oder fast alles) ausdenken!

Grundrezept:
½ Limette (oder eine andere Zitrusfrucht Ihrer Wahl)
2 cl Sirup (naturrein oder aromatisiert)
10 Minzblätter (oder Basilikum, Zitronenverbene, Salbei ...)
5 cl Mineralwasser mit Kohlensäure (oder Ginger Ale, Limonade, Tonic ...).

Wacholder-Tonic

Für 1 Mocktail (25 cl) • Zubereitung: im Glas • Schwierigkeitsgrad: YY • Kosten: €

Hintergrund
Gin besteht aus Wacholder und Zitrusfrüchten. Hier finden Sie ein Rezept für einen alkoholfreien Gin Tonic.

Die Zutaten

8 cl Ginsirup (siehe unten)
2 cl Zitronensaft
15 cl Tonic Water

Für den Ginsirup:

Schale von 1 Bio-Zitrone
2 TL Wacholderbeeren
1 TL Schwarztee (lose)
200 g brauner Zucker

Das Rezept

1. Den Ginsirup zubereiten: Die Zitronenschale, die Wacholderbeeren und den Schwarztee in ein Teenetz geben. Mit 600 ml kochendem Wasser übergießen und 15 Minuten ziehen lassen.
2. Das Teenetz herausnehmen und den braunen Zucker zugeben. Rühren, bis sich der Zucker komplett aufgelöst hat, dann im Kühlschrank völlig erkalten lassen.
3. In einem mit Eiswürfeln gefüllten Glas 8 cl des Ginsirups mit dem Zitronensaft und dem Tonic mischen.

200ml

Piña Colada

Für 1 Mocktail • Zubereitung: im Mixer • Schwierigkeitsgrad: Y • Kosten: €

Hintergrund

Die Piña Colada, spanisch für „gesiebte Ananas", wurde 1954 in Puerto Rico erfunden, wo sie 1974 zum Nationalgetränk erklärt wurde. Zubereitet wird sie mit Kokoscreme (nicht mit Kokosmilch), damit sie schön cremig wird.

Die Zutaten

15 cl frisch gepresster Ananassaft
2 Kugeln Kokoseis
Saft von ½ Limette
¼ Ananasscheibe zum Dekorieren

Tipp

Wenn Sie stets die besten Zutaten sorgfältig auswählen, können das Ergebnis und das damit verbundene Vergnügen nur größer werden. Das Rezept ist sehr einfach zuzubereiten, profitieren Sie davon!

Das Rezept

1. Alle Zutaten (außer der Ananasscheibe) im Mixer pürieren.
2. In das mit Eiswürfeln gefüllte Hurricane-Glas (S. 7) geben, mit der Ananasscheibe dekorieren und servieren.

Peach
on the Beach

Für 1 Mocktail (25 cl) • Zubereitung: im Shaker • Schwierigkeitsgrad: 🍸🍸 • Kosten: €

Hintergrund

Der Sex on the Beach ist an unseren Stränden ein Cocktail mit Symbolwert. Hier kommt eine sehr erfrischende Variante auf der Basis einer fruchtigen Teemischung, aufgepeppt mit einem Hauch Pfirsich – ideal, um diesen Mocktail ausgewogen zu gestalten.

Die Zutaten

20 cl kalter Aufguss* einer Teemischung aus Hibiskus, Apfel, Mango, Papaya, Holunderbeeren und Sonnenblumenblütenblättern o. Ä. (20 cl schwach mineralisiertes Wasser, z. B. Volvic, und 2 g Tee)
1 cl Pfirsichsirup
Saft von ½ Limette
½ Orangenscheibe zum Dekorieren

Das Rezept

1. Den Tee zubereiten.
2. Die Zutaten in den Shaker gießen.
3. Schütteln und in das mit Eiswürfeln gefüllte Glas abseihen. Zum Schluss mit der Orangenscheibe dekorieren.

Tipp

*Kalte Zubereitung eines Tees: Bestimmte Tees können Sie kalt ziehen lassen (das Verfahren wird als **Mazeration** bezeichnet). Das grundsätzliche Mischverhältnis beträgt 10 g Tee für 1 l Wasser in Zimmertemperatur. 1 Stunde mazerieren lassen, dann abseihen. Anschließend vor dem Genuss einige Stunden im Kühlschrank erkalten lassen.

Variante

Sie können den Tee durch Cranberrysaft ersetzen:
10 cl Cranberrysaft
10 cl Ananassaft (oder Orangensaft)
2 cl Pfirsichsirup
Saft von 1 Limette

Cosmopoli-Tee

Für 1 Mocktail (20 cl) • Zubereitung: im Shaker • Schwierigkeitsgrad: YY • Kosten: €

Hintergrund

Der Cosmopolitan, häufig auch mit „Cosmo" abgekürzt, ist ein großer Klassiker mondäner Abende. Der ursprüngliche Cosmopolitan basierte auf Gin und wurde in den 30er Jahren erfunden. In den 90er Jahren gelangte der Cocktail, mit veränderter Rezeptur, zu neuer Beliebtheit, was insbesondere an der erfolgreichen TV-Serie Sex and the City lag, in der der Cocktail häufig getrunken wurde.

Die Zutaten

15 cl kalter Aufguss* einer Teemischung aus roten Früchten, Hibiskus, Rose, Apfel, Hagebutte (15 cl schwach mineralisiertes Wasser, z. B. Volvic, und 1,5 g Tee)
1 cl sehr trockener Curaçao-Sirup (z. B. von Monin)
Saft von ½ Limette

Das Rezept

1. Den Tee zubereiten.
2. Die Zutaten in den Shaker gießen.
3. Schütteln und ins Glas abseihen.

Tipp

* Kalte Zubereitung eines Tees: Bestimmte Tees können Sie kalt ziehen lassen (das Verfahren wird als **Mazeration** bezeichnet). Das grundsätzliche Mischverhältnis beträgt 10 g Tee für 1 l Wasser in Zimmertemperatur. 1 Stunde mazerieren lassen, dann abseihen. Anschließend vor dem Genuss einige Stunden im Kühlschrank erkalten lassen.

Variante

Sie können den Tee durch Cranberrysaft ersetzen.

Spritz

Für 1 Mocktail (20 cl) • Zubereitung: im Glas • Schwierigkeitsgrad: 🍸 • Kosten: €

Hintergrund

Der Spritz ist in Venedig und ganz allgemein in Italien der beliebteste Aperitif. Seit 2009 ist er aufgrund seines einfachen Rezepts und der Vorliebe für nicht zu süße, frische und leicht bittere Getränke auch in Deutschland in Mode.

Die Zutaten

5 cl Bittersirup (z. B. von Monin)
150 ml Wasser mit Kohlensäure
½ Orangenscheibe zum Dekorieren

Das Rezept

1. Das Glas mit Eiswürfeln kühlen. Diese gut im Glas schwenken und das geschmolzene Wasser ohne die Eiswürfel abtropfen lassen.
2. Die Zutaten direkt in das Glas gießen und vorsichtig schwenken.

Tipp

Mithilfe eines Trinkwassersprudlers können Sie kohlensäurehaltiges Wasser mit Aroma ganz einfach zu Hause zubereiten. Damit lassen sich fruchtige Varianten des Spritz (siehe rechts) zubereiten.

Variante

Spritz mit roten Früchten: 5 Beutel Schwarztee, aromatisiert mit roten Früchten, in 1 l Wasser (Zimmertemperatur) 1 Stunde ziehen lassen. Die Teebeutel herausnehmen und das Wasser aufsprudeln. Der Tee verleiht dem klassischen Rezept fruchtige Nuancen.

Passion

Für 1 Glas für 2 Personen • Zubereitung: im Shaker • Schwierigkeitsgrad: 🍸🍸 • Kosten: €

Die Zutaten

10 cl Bananenpüree
9 cl Mangopüree
6 cl Maracujapüree
16 cl Mandarinenpüree

Das Rezept

1. Die Zutaten ohne Eis in den Shaker gießen (siehe Tipp).
2. Schütteln.
3. In das Glas abseihen.

Tipp

Fruchtpürees lässt man im Idealfall vor der Verarbeitung anfrieren und verwendet sie für den Mocktail angetaut (aber nicht ganz flüssig), dann lassen sie sich leichter verarbeiten. So wird der Mocktail schön kalt, ohne dass die Zutaten durch die Eiswürfel verwässert werden.

Variante

Ich empfehle Ihnen, den Cocktail mit Kokos-Schlagsahne zu krönen: Geben Sie 400 g Kokospüree in einen Sahnesyphon, fügen Sie 2 Sahnekapseln hinzu und heißen Sie diese Leckerei bei Ihrem Rendezvous mit Leidenschaft willkommen!

Geeister Mocktail

Für 10 Zitronen • Zubereitung: in einem Topf • Schwierigkeitsgrad: YYY • Kosten: €

Hintergrund

Geeiste Früchte sind im Sommer eine angenehme Sache. Hier kommt das ideale Rezept für eine fruchtig-säuerliche Füllung nach Art eines Zitronenwassers.

Die Zutaten

30 cl Zitronensaft von 10 ausgehöhlten Zitronen
30 cl Vanillesirup (z. B. von Monin)
10 cl Mineralwasser
5 Stück Sternanis
1 Thymianstängel

Tipp

Bereiten Sie dieses erfrischende Rezept am Vortag zu.

Variante

Sie können die Zitronen durch eine andere Zitrusfrucht ersetzen, beispielsweise Orangen. In diesem Fall empfehle ich Ihnen, anstelle des Sternanises besser eine Zimtstange zu verwenden.

Das Rezept

1. Die Zitronen auf der Unterseite gerade schneiden, damit sie stabil stehen. Den Deckel der Zitronen abschneiden und das Fruchtfleisch mit einem geeigneten Messer herausholen. Dabei darauf achten, die Unterseite nicht zu durchstechen. Letzte Reste mit einem Teelöffel herausholen.
2. In einem Topf den Zitronensaft, den Vanillesirup, das Wasser, den Sternanis und den Thymian erhitzen. Vom Herd nehmen und 10 Minuten zugedeckt ziehen lassen.
3. Den Sternanis und den Thymian herausnehmen. Die Mischung in eine Schüssel gießen und in die Tiefkühltruhe stellen. Alle 30 Minuten mit einem Schneebesen durchrühren, um ein Granité zu erhalten.
4. Die ausgehöhlten Zitronen und die Deckel mindestens 3 Stunden, besser über Nacht, in die Tiefkühltruhe legen. Direkt vor dem Servieren die geeisten Zitronen löffelweise mit dem Granité befüllen und die Deckel aufsetzen.

Melonen-Fantasie

Für 1 Melone • Zubereitung: im Mixer • Schwierigkeitsgrad: YYY • Kosten: €€

Hintergrund

Genau wie die Wassermelone, bietet auch die Honigmelone zahlreiche herzhafte und süße Verwendungsmöglichkeiten. Hier finden Sie ein originelles Rezept, das Ihre Gäste sicherlich überraschen wird!

Die Zutaten

1 große Honigmelone
175 g Zucker
1 EL Zitronenhonig
500 ml Wasser
1 Vanilleschote
Saft von 1 Zitrone
Saft von 1 Limette
15 g Zitronenverbenen-Blätter
5 Blatt Gelatine

Das Rezept

1. Die Melone auf der Unterseite gerade schneiden, damit sie stabil steht. Auf Dreiviertelhöhe die Melone durchschneiden, um sie auszuhöhlen, dabei alle Kerne entfernen. Das Fruchtfleisch im Mixer pürieren.
2. Aus dem Fruchtfleisch, dem Zucker, dem Zitronenhonig, dem Wasser, der Vanilleschote und dem Zitronen- und Limettensaft einen Sirup zubereiten. Alles aufkochen und die Zitronenverbene-Blätter zugeben. Zugedeckt 30 Minuten ziehen lassen. Die Gelatine 10 Minuten in einer Schüssel mit kaltem Wasser einweichen.
3. Den Sirup durch ein trichterförmiges Sieb abseihen, anschließend die weiche Gelatine dazugeben.
4. Den Sirup in die Melone gießen und diese einige Stunden in den Kühlschrank stellen. Unmittelbar vor dem Servieren mit einem Messer portionieren.

ChoCocktail

Für 4 Mocktails (je 20 cl) • Zubereitung: in einem Topf und im Mixer • Schwierigkeitsgrad: 🍸🍸🍸 • Kosten: €

Hintergrund

Schokolade ist ein unverzichtbares Vergnügen. Dieser sehr leckere Dessert-Mocktail mit Kakao weckt Kindheitserinnerungen.

Die Zutaten

Für die Schoko-Sauce:

50 g dunkle Schokolade
50 g Kakaopulver
350 ml Milch
50 g Sahne

Für die heiße Schokolade:

300 g Kakaopulver
1 l Milch
70 g Zucker

Für den Milchschaum:

300 ml Milch
30 g Zucker

Tipp

Diese Mocktailvariante der heißen Schokolade mit einigen Madeleines, Mandelbiskuits oder anderen Keksen genießen.

Das Rezept

1. Die Schoko-Sauce zubereiten: Die Milch und die Sahne aufkochen. Den Topf vom Herd nehmen, die Schokolade und den Kakao mit einem Schneebesen einrühren. Einige Minuten reduzieren lassen.
2. Die heiße Schokolade zubereiten: Die Milch aufkochen, dann den Kakao und den Zucker mit einem Schneebesen einrühren.
3. Den Milchschaum zubereiten: Die Zutaten aufkochen und etwa 5 Minuten um die Hälfte reduzieren lassen. Die Milch in den Mixer geben und kurz auf höchster Stufe mixen, um einen leichten Schaum zu erhalten.
4. Zuerst die Schokoladen-Sauce in die Gläser füllen. Darüber vorsichtig die heiße Schokolade gießen und zum Schluss den im Mixer emulgierten Milchschaum hinzugeben.

Coconut Lips

Für 2 Gläser • Zubereitung: im Mixer • Schwierigkeitsgrad: 🍸 • Kosten: €€

Hintergrund
Ein cremiger, frischer und fruchtiger Cocktail für einen guten Start in den Abend …

Die Zutaten

15 cl Mandarinensaft
15 cl Erdbeersaft
15 cl Maracujasaft
2 Kugeln Kokoseis
einige frische Erdbeeren

Das Rezept

1. Alle Zutaten (außer dem Eis) in einen Mixer geben und auf langsamer Stufe mixen.
2. Wenn die Erdbeeren gut püriert sind, das Eis zugeben und einige Sekunden auf höchster Stufe mixen. In den mit Eiswürfeln gefüllten Gläsern servieren.

Variante

Ich empfehle Ihnen, den Cocktail mit Kokos-Schlagsahne zu krönen: Geben Sie 400 g Kokospüree in einen Sahne-Siphon, und fügen Sie 2 Sahnekapseln hinzu.

Cherry-Li

Für 4 Mocktails (je 25 cl) • Zubereitung: im Mixer • Schwierigkeitsgrad: 🍸 • Kosten: €€

Hintergrund
Die französische Insel La Réunion ist reich mit Schätzen gesegnet.
Die dort wachsenden Litschis verleihen der Landschaft hübsche rosa Reflexe.

Die Zutaten

1 Dose (565 g) Litschis in Sirup
500 ml Kirschsaft
Saft von 5 Limetten

Das Rezept

1. Die Litschis mit dem Sirup im Mixer pürieren. Durch ein Trichtersieb abseihen.
2. Den Litschisaft in ein Gefäß gießen, den Kirsch- und den Limettensaft zugeben.
3. Abschmecken und je nach persönlichem Geschmack mehr Limettensaft zugeben. In den mit Eiswürfeln gefüllten Gläsern servieren.

Fruity Mule

Für 1 Mocktail (30 cl) • Zubereitung: im Glas • Schwierigkeitsgrad: 🍸 • Kosten: €€

Hintergrund

„Mule"-Cocktails sind sehr erfrischend, aber aufgrund des Ingwers und der Limetten nicht süß. Hier ein Rezept für einen Fruity Mule.

Die Zutaten

½ Limette
1 cl Kokossirup
18 cl Erdbeersaft
5 cl Ginger Ale
1 frische Erdbeere, nach Belieben
Crushed Ice

Das Rezept

1. Die Limette in vier Stücke schneiden, in das Glas geben und mit dem Stößel zerdrücken.
2. Den Sirup und den Erdbeersaft zugeben.
3. Etwas Crushed Ice hinzugeben und mit dem Ginger Ale auffüllen.
4. Mit einem Cocktaillöffel vorsichtig mischen und mit einer frischen Erdbeere dekorieren.

Irish Coffee
Mandel-Haselnuss

Für 1 Glas • Zubereitung: im Shaker und im Glas • Schwierigkeitsgrad: YY • Kosten: €

Hintergrund
Irish Coffee ist der Kaffee-Cocktail schlechthin. Ursprünglich erfunden, um durchgefrorene Flug-Passagiere zu wärmen, ohne dass sie sich die Lippen verbrennen, wird er zum krönenden Abschluss Ihrer nächsten Mocktail-Party!

Die Zutaten

1 doppelter Caffè Americano
(gestreckter Espresso, ca. 120 ml)
1 cl alkoholfreier Amarettosirup (z. B. von Monin)
1 cl Haselnusssirup
1 cl alkoholfreier Irish-Coffee-Sirup
5 cl flüssige Sahne (33 % Fettgehalt)

Variante

Sie können Ihren Irish Coffee mit Sirupsorten Ihrer Wahl aromatisieren (Macadamia, Vanille, Karamell ...).

Das Rezept

1. Die Sahne in den Shaker geben und kräftig schütteln, um eine glatte und cremige, leicht geschlagene Sahne zu erhalten (kurz bevor richtige Schlagsahne daraus wird).
2. Den Kaffee zubereiten, den Amaretto-, den Haselnuss- und den Irish-Coffe-Sirup zugießen, mischen und alles in ein Mazagran-Glas (S. 7) gießen.
3. Mit der cremigen Sahne toppen. Wenn die Sahne genau die richtige Konsistenz hat, bildet sich die Sahnehaube von alleine.

Latte Péi

Für 1 Glas (30 cl) • Zubereitung: im Glas • Schwierigkeitsgrad: 🍸🍸 • Kosten: €

Hintergrund

Der Latte ist ein Heißgetränk auf Basis von Milch und Kaffee, der weltweit viel getrunken wird. Ich biete Ihnen hier eine überraschende, tropische Variante an.

Die Zutaten

200 ml Milchschaum
1 cl Sirup mit Rumgeschmack (z. B. von Monin)
1 cl Minzsirup
1 Espresso
frische Minze, nach Belieben

Tipp

Sie brauchen für dieses Rezept einen batteriebetriebenen Milchaufschäumer. Falls Sie keinen haben, arbeiten Sie mit einer Kaffeemaschine mit Dampfdüse: Erwärmen Sie die Milch mit beiden Sirupsorten auf höchstens 65 °C, damit das Eiweiß gerinnt. Wenn sich ein schöner, glatter, glänzender und homogener Schaum gebildet hat, gießen Sie die Mischung in ein hohes Glas mit 30 cl Fassungsvermögen.

Das Rezept

1. Die Milch zusammen mit den beiden Sirupsorten in einem kleinen Milchkännchen auf 65 °C erhitzen, anschließend mit einem Milchsschäumer einige Minuten aufschäumen. Etwa die Hälfte des Volumens sollte nun aus Schaum bestehen. Den Inhalt des Milchkännchens in ein hohes Glas mit 30 cl Fassungsvermögen gießen (siehe Tipp).
2. Kurz warten, dann den Espresso vorsichtig mittig auf den Schaum gießen. Es sollten sich drei Schichten bilden. Den Mocktail nach Belieben mit frischer Minze dekorieren.

Le Sirop de
MONIN
Saveur
Rhum
Caribbean
Une tradition de qualité
Sirop-Pur Sucre
MONIN - BOURGES - PRODUCT OF FRANCE
MONIN
www.monin.com
MONIN

Eisgekühlter Glühwein

Für 1 Liter • Zubereitung: im Topf • Schwierigkeitsgrad: YY • Kosten: €€

Hintergrund
Es gibt doch nichts Angenehmeres, als vor dem Kamin einen Glühwein zu genießen! Aber wie bekommt man ein ausgewogenes (alkoholfreies) Rezept zustande? Hier finden Sie ein gelingsicheres Rezept mit einer Teemischung aus Zimt, Ingwer, Kardamom, Gewürznelke und Pfefferschrot.

Die Zutaten

1 l roter Traubensaft
70 g Bio-Tee Nocturne Indien (von Comptoirs Richard)
flüssiger Rohrzucker, nach Belieben
Scheiben von Zitrusfrüchten zum Dekorieren

Das Rezept

1. Den Traubensaft in einem Topf zum Sieden bringen.
2. Den Topf vom Herd nehmen, den Tee und den flüssigen Rohrzucker zugeben und 5 Minuten ziehen lassen (nicht länger, da sich sonst Tanine bilden). Abseihen.
3. Unmittelbar vor dem Servieren in ein Mazagran-Glas (S. 7) gießen und mit den Zitrusfrüchten garnieren.

Tipp

Falls Sie diesen Tee nicht bekommen, geben Sie 1 Zimtstange, 1 Stück Sternanis, 2 Gewürznelken, etwas Kardamom, 5 dünne Scheiben Ingwer und zwei Umdrehungen aus der Pfeffermühle zum Saft hinzu. Das Abseihen nicht vergessen.

Variante

Dieses Rezept schmeckt auch geeist sehr lecker (siehe Foto)! Die Mischung in eine Flasche füllen und etwa 2 Stunden im Gefrierfach eisig und dickflüssig werden lassen, wobei die Mischung immer noch flüssig bleiben sollte. 15 cl in ein Glas gießen und mit 5 cl Ginger Beer (Ingwerlimonade) auffüllen.

Fruity and Stormy

Für 1 Glas (30 cl) • Zubereitung: im Glas • Schwierigkeitsgrad: 🍸 • Kosten: €€

Hintergrund

Ein intensiver Mocktail, bei dem die leckere Kombination von Aprikose und Mandel durch die Limette und das Ginger Beer aufgepeppt wird (stormy eben!).

Die Zutaten

½ Limette, in vier Stücke geschnitten
+ 1 Limettenschale zum Dekorieren
1 cl alkoholfreier Amarettosirup (z. B. von Monin)
18 cl Aprikosensaft
5 cl Ginger Beer (Ingwerlimonade)

Das Rezept

1. Die Limette mit dem Stößel im Glas zerdrücken.
2. Den Amarettosirup und den Aprikosensaft zugeben und mischen.
3. Eiswürfel zugeben, das Ginger Beer zugießen und vorsichtig umrühren. Nach Belieben mit der Limettenscheibe dekorieren.

Variante

Sie können den Amarettosirup durch Haselnusssirup ersetzen.

GINGER
ALE

Heißluftfritteuse Gold

Lecker abnehmen

256 Seiten, Hardcover, H 26 cm / B 21 cm,
ISBN 978-3-69019-050-3

EUR 19,99

HEEL Verlag GmbH
Gut Pottscheidt
53639 Königswinter
Tel.: 02223 9230-0
Fax: 02223 9230-13
info@heel-verlag.de
www.heel-verlag.de

4. Auflage 2025

Originalausgabe:
Originaltitel: Petites Recettes Hachette/Mocktails,
© Hachette-Livre (Hachette Pratique) 2016,
Text by V. Cocktails, photos by Frédéric Lucano

Deutsche Ausgabe:
Übersetzung: Christa Trautner-Suder, Weilheim
Satz & Umschlaggestaltung: Ralph Handmann, Königswinter
Grafiken S. 8 + S. 9: © Fotolia/Oleksandr Babich
Hintergrundbild Eigenanzeige S. 70 + 71: © Fotolia/tomertu
Lektorat: Laura Wika von Czarnowski

Printed in Latvia

ISBN 978-3-95843-552-0

200ml